AF562324

# CONSULTATION

POUR

# MM. DE CAIX DE SAINT-AYMOUR

EN INSTANCE

DEVANT S. Exc. M. LE MINISTRE DE LA JUSTICE

ET LA COMMISSION DES TITRES;

**Par M. NIBELLE,**

Avocat à la Cour impériale de Paris.

PARIS

IMPRIMERIE DE L. MARTINET,

RUE MIGNON, 2.

1861

# CONSULTATION

POUR

# MM. DE CAIX DE SAINT-AYMOUR.

---

M. Marie-Joseph-Victor de Caix de Saint-Aymour (originairement de Saint-Amour), propriétaire, maire de la commune de Couture, demeurant au château de Monsabert, arrondissement de Saumur (Maine-et-Loire), né à Amiens (Somme), le 20 juin 1809 ;

M. Louis Marie-Léonce de Caix de Saint-Aymour, propriétaire et maire, demeurant au château d'Ognon, près Senlis (Oise), né à Amiens le 19 juillet 1810 ;

M. Charles-Louis-Marie-Oswald de Caix de Saint-Aymour, propriétaire, membre du conseil général de la Somme et maire de la ville de Corbie, y demeurant, né à Amiens le 25 décembre 1812 ;

S'adressent à S. Exc. M. le Ministre de la justice, garde des sceaux, président de la commission des titres, à l'effet d'obtenir la reconnaissance et la confirmation des titres nobiliaires qu'ils tiennent de leurs auteurs, et l'autorisation légale de continuer à les porter.

Un sentiment de vanité, et surtout un désir d'usurpation n'ont jamais dirigé trois frères, qui ont des droits à la considération publique et à la bienveillance de l'État.

Certes, la noblesse est dans le cœur, dans le talent, dans le courage, dans les services rendus. La noblesse des enfants témoigne des vertus des pères; elle est la récompense de ces vertus. Elle oblige les enfants à continuer un passé de sacrifices, d'abnégation et d'honneur.

L'ancienne et la nouvelle noblesse partent du même principe. Ce principe unit les services passés aux services nouveaux. L'une est la continuation de l'autre. La plus jeune devient solidaire de l'ancienne, et, en respectant son aînée, elle songe à inspirer dans les temps futurs, les mêmes respects.

Ce fut la pensée de la Charte de 1814, de Louis XVIII et de Charles X. Ce fut la pensée de Napoléon Ier, lorsque, refoulant la Révolution dans ses jalouses demeures, et brisant son égalité impossible, il donna des titres à ses braves, et des cordons qu'ils avaient rougis de leur sang; lorsqu'il donna des titres aux magistrats éminents, au commerce et aux arts.

Ce fut la pensée de Napoléon III, lorsqu'il provoqua la loi du 28 mai 1858. Ce fut la pensée enfin des orateurs qui parlèrent sur cette loi, et du garde des sceaux qui l'expliqua, dans une très nette circulaire.

La loi de 1858 fait taire les hommes sans passé, sans actions actuelles, et se parant de titres qui n'ont été écrits nulle part, si ce n'est sur leurs cartes frauduleuses. La loi de 1858 recherche la noblesse et les titres que le temps rongeait comme les vieux monuments. Elle vient en aide à la vérité; elle ne veut qu'être convaincue : voilà son esprit.

MM. de Caix de Saint-Aymour n'ont plus qu'à établir leurs titres. Leur noblesse est consacrée par deux décisions judiciaires et un décret impérial.

M. de Caix de Saint-Aymour père est chargé d'une grande vieillesse. Il est né en 1771. Il a vu la royauté et la terreur; il avait à peine vingt ans, lorsqu'un titre était l'échafaud, une particule un arrêt de mort.

Il songea à sauver ses parents et lui-même. Il abrégea son nom, et mit l'égalité dans toutes les lettres de ce nom, il s'appela, *Decaix*, d'un seul mot. Des titres disparurent. La révolution les brûlait, et M. de Caix aurait voulu n'en avoir aucun.

Assez de titres cependant ont échappé au temps et à une époque désastreuse, pour renouer la chaîne rompue, pour rendre à une famille recommandable, sa position et ses droits.

Par deux jugements du tribunal d'Amiens, à la date du 28 juillet 1858, et du 4 octobre 1860, les trois actes de naissance des trois fils de M. de Caix de Saint-Aymour ont été rectifiés. On lit à la suite de chaque acte :

« Le tribunal a ordonné que l'acte ci-contre serait
» rectifié en ce sens que le nom patronymique y serait
» écrit à l'avenir *de Caix*, au lieu de *Decaix* en un
» seul mot, que le nom de de Saint-Aymour (origi-
» nairement de Saint-Amour), serait ajouté au nom
» patronymique de de Caix. »

Ainsi, d'après les pièces qui ont été produites, les noms nobles de la maison de Caix sont reconnus judiciairement, et un décret impérial du 14 juin 1859, a donné l'autorisation d'ajouter au nom patronymique celui de de Saint-Aymour. Avec les mêmes éléments, la commission chargée d'un examen spécial, achèvera la décision, reconnaîtra le titre.

M. de Caix de Saint-Aymour père avait vécu et il vieillissait avec la mémoire de la persécution. Loin de reprendre un titre chargé de tristes souvenirs et de périls, il n'avait même pas songé à rétablir l'orthographe de son nom. Il se renfermait dans la solitude d'une douce existence; mais, lorsqu'il s'agissait de ses enfants, il sortit de son sommeil, il comprit tout ce qu'il y avait d'important dans un nom et dans un titre, pour leur mariage. Les familles et surtout les jeunes femmes attachent un grand prix aux qualifications. Cette innocente ambition n'est pas nouvelle : Elle existe dans toutes les classes de la société; elle a existé à toutes les époques.

A Rome, deux sœurs avaient épousé, l'une un plébéien, l'autre un patricien. Le patricien devint consul et le plébéien tribun. La patricienne fut visiter sa sœur avec les faisceaux de son mari. Quand le tribun rentra, il trouva sa femme tout en larmes. Elle lui dit qu'elle mourrait de chagrin, si elle ne marchait pas avec des faisceaux comme sa sœur. Il fallut presque une révolution pour exaucer une douleur de femme.

Il est certain que la situation sociale a un grand prix. Le jour d'un mariage, les familles se parent de tous leurs avantages.

En mariant son fils aîné, M. de Caix de Saint-Aymour, le 26 novembre 1845, fit, devant Me Guénin, notaire à Paris, cette déclaration :

ARTICLE 5.

» M. de Caix père déclare qu'il a depuis longtemps
» renoncé purement et simplement et à toujours, en
» faveur de ses enfants, aux droits qui ont été apportés
» dans sa famille par son bisaïeul, messire Antoine
» Arnaud, chevalier de Saint-Amour (par corruption
» Saint-Aymour), capitaine dans les troupes de cava-
» lerie du roi, nommé par ordonnance de Louis XIV,
» du 23 février 1693. »

A ce sujet il explique ce qui suit :

« Le chevalier de Saint-Amour était appelé à succé-

» der aux titres de la maison de Saint-Amour, dont » les aînés, comtes de Saint-Amour, se sont éteints » sans postérité.

» Il mourut le 26 mars 1733, laissant pour seule » héritière, Marie-Barbe-Jeanne de Saint-Amour, sa » fille, mariée le 27 mars 1722, à Claude-Alexis de » Caix, chevalier, conseiller du roi, bailli général du » comté de Corbie.

» Et en vertu de son testament, les titres dont il » s'agit furent dévolus à la branche aînée de la maison » de Caix, à la charge du nom et des armoiries de » Saint-Amour.

» L'aîné des enfants, issu de ce mariage, fut Édouard-» Alexis de Caix de Saint-Amour, écuyer, marié le » 12 mai 1769 à demoiselle Marie-Marguerite-Agnès » Chardon du Havet.

» Le seul enfant de ce mariage, M. Marie-Étienne-» Victor de Caix, comparant, père du futur époux, » s'est donc ainsi trouvé possesseur des droits dont on » vient de parler.

» Ces faits exposés, M. de Caix père déclare réitérer » par ces présentes l'abandon, en faveur de ses enfants, » des droits ci-dessus spécifiés.

» Le futur époux déclare accepter, en ce qui le » concerne, l'abandon ainsi consenti par M. son père, » pour en profiter à partir du présent mariage.

» *Extrait par Me Guénin, notaire sonssigné, de la*

» *minute dudit contrat de mariage, étant en sa pos-*
» *session.* »

Cette déclaration est importante. Avant de demander les preuves, on sent qu'elle est vraie. Elle porte un cachet de sincérité. La bonne foi du chef de famille est remarquable, et c'est un vieillard presque octogénaire qui parle, il ne peut non plus se tromper : celui qui a transmis le titre n'est pas loin de lui.

Un mot sur la transmission d'un titre par un père à son fils.

M. de Caix de Saint-Aymour a-t-il pu, de son vivant, se dessaisir du titre de comte, pour le transmettre tout de suite à son fils aîné? D'abord le père ne se dépouillait pas réellement : il avait renoncé à toute qualification.

Un titre ne se donne ni ne se vend à un tiers, un titre n'est pas comme un champ, comme une maison; mais il n'y a pas aliénation pour un fils qui possède un droit au titre qu'il portera plus tard. Il le porte un peu plus tôt. Le père a voulu reprendre, *par ses enfants*, un titre supprimé par la révolution et auquel la révolution l'avait fait renoncer. La position, on le comprend, est exceptionnelle.

Il est de principe que les titres, comme la noblesse, appartiennent au sang d'une famille. Le degré des titres suit le degré de la naissance, il y aurait aujourd'hui un inconvénient bien grave à déplacer les titres, à changer les qualifications des trois frères.

M. de Caix de Saint-Aymour fils aîné n'a dû avoir aucun scrupule à accepter un titre que son père ne portait pas, et le père n'avait aucun intérêt à faire une déclaration surabondante alors. Personne n'avait jamais mis en doute ni son titre, ni sa noblesse. On était d'ailleurs sous le bénéfice des titres à discrétion : la loi de 1858 n'existait pas.

Mais M. de Caix de Saint-Aymour, titré sérieusement, en donnant son fils à l'une des bonnes familles de l'Anjou, entendait justifier le titre avec lequel son fils se présentait. C'était le vrai noble, avec l'ancienneté de sa noblesse qui parlait.

Lisons d'abord l'acte de naissance de M. de Caix père ; il est à la date du 15 novembre 1771.

VILLE D'AMIENS.

« Le 15 novembre 1771 a été baptisé Marie-Étienne-
» Victor, né le 13 dudit mois, en légitime mariage, fils
» de M. Édouard-Victor-Alexis de Caix, Sr de Rem-
» bures, ancien capitaine d'infanterie, actuellement
» receveur des gabelles à Amiens, et de dame Marie-
» Marguerite-Agnès Chardon, ses père et mère. »

Viennent ensuite les noms des personnes distinguées qui ont paru dans cet acte.

Il y avait dans la famille différentes branches, variant leurs noms.

Deux ou trois ans après la naissance de son fils, en 1773 ou 1774, l'aïeul l'appela de Saint-Amour, pour se conformer aux volontés testamentaires du bisaïeul. Il y a jugement.

Dans l'acte de naissance de 1771, le mot *Seigneur* est en abrégé. On le trouve en toutes lettres ailleurs. Dans plusieurs actes anciens on lit : *Seigneur*. Dans le cartulaire de Lihons, on lit : « *à la fois seigneur de* » *Boves et de Caix.* » Dans le contrat de mariage d'Édouard-Victor-Alexis de Caix, du 12 mai 1769, on lit : « *Seigneur de Rembures, ancien capitaine d'in-* » *fanterie.* »

Madame de Montmorency-Laval signe comme cousine de la future épouse.

Ces mots seuls de l'acte de naissance du 15 novembre 1771 : « *de Caix, Sr de Rembures, ancien capi-* » *taine d'infanterie,* » attestent la noblesse héréditaire, la noblesse titrée. Les nobles seuls avaient la particule, des grades, des titres, en mémoire de leurs ancêtres consacrés à la guerre, à la défense du pays.

MM. de Caix de Saint-Aymour se sont livrés à de nombreuses recherches dans les archives que le temps et les révolutions ont détruites, ou dans lesquelles les révolutions n'ont laissé que des débris. Des pièces aussi, qu'on ne saurait plus retrouver, ont peut-être été déplacées. L'archiviste du Doubs, en écrivant à M. le comte de Saint-Aymour fils aîné, constate l'existence du comte de Saint-Amour en 1673.

Le trisaïeul maternel des postulants était son fils. Il est né en 1646 et décédé en 1733.

En tête de l'expédition en forme, envoyée par l'archiviste du Doubs, de l'acte royal qui fait un comté de la baronnie de Saint-Amour, on lit :

« Extrait des actes importants de la Cour des comptes » de Dole, déposés aux archives de la Préfecture du » Doubs.

» Lettres patentes de la baronnie de Saint-Amour » érigée et créée en comté. »

Elles sont à la date du 21 octobre 1581. On les trouve au dossier.

Il est inutile de rapporter ici en entier cet acte, avec ses longueurs et le style de l'époque. Nous ferons connaître seulement ses dispositions.

Philippe II, roi d'Espagne et de Portugal, énumère les vastes possessions qui attestent sa grande domination et sa puissance.

Il rappelle les services héréditaires, le courage et les honneurs d'une famille militaire, dévouée en tous les temps et qui a donné son sang et sa fortune pour lui et l'empereur son père.

Le baron de Saint-Amour, est-il dit, a été au secours du roi de France sous la conduite du comte de Mauffeit, et a *servi volontairement, à ses propres dépens, et avec bon nombre de chevaux, donnant très amples preuves de sa vaillance et expérience.*

Le roi érige en comté la baronnie de Saint-Amour. Les hommes et les femmes de Saint-Amour seront désormais comtes et comtesses. Le roi veut qu'à l'avenir le baron de Saint-Amour *et les susdits successeurs, masles et femelles, soient proclamés comtes et comtesses de Saint-Amour.*

Cet acte de 1581 est le point de départ du titre qu'invoque la branche aînée de la famille de Caix de Saint-Aymour. Personne ne lui conteste son aînesse ; elle ne craindrait, à ce sujet, aucune information, aucune enquête.

Le roi Philippe II d'Espagne, dont les vastes possessions s'étendaient jusque dans notre France actuelle, élève en comté la baronnie de Saint-Amour. Il veut que le titre de comte donné au comte de Saint-Amour, soit transmissible *à ses hoirs et successeurs et ayant cause, masles et femelles.* Le prince expose les motifs de sa gracieuse décision :

« C'est chose propre à eux (les souverains) de reconnoître lesdits services à l'endroit des parents qui succèdent à ceux qui bien longuement les ont servy,

» afin que les aultres se proposant tel exemple, exposent » plus volontairement leurs vyes et biens, en toutes les » occasions qui se peuvent présenter pour le service » de leurs princes, et l'advènement de la chose pu- » blique, sans avoir doubte que leurs successeurs de- » meureront mal appuyés. »

Le titre relate le tribut de sang et d'argent payé par la famille de Saint-Amour.

La loi salique n'existait pas en Espagne. La loi de la noblesse suivait la loi du trône. Les titres se transmettaient par les femmes comme par les hommes, *masles et femelles*. Tout le sang noble, quand il y avait un titre, était titré depuis le duc jusqu'au chevalier. Cette faveur, dont on oublie aisément l'origine, avait été chèrement achetée par ceux à qui le prince l'octroyait. Il y a justice à reconnaître une créance d'honneur aussi lointaine, formée avec du sang et d'immenses et incessants sacrifices.

Cherchons maintenant, au milieu des révolutions du temps et des hommes, les titres qui ont survécu et relient les postulants à leur auteur comme nobles et comtes de Saint-Amour.

Le titre part donc de 1581. La déclaration de M. de Caix de Saint-Aymour père, explique comment le titre de *comte* est venu jusqu'à lui. S'il fallait les pièces sans lacunes, jusqu'à nos jours, après des révolutions, il n'y aurait plus de vieille noblesse, et la commission des titres serait inutile. Dans les temps éloignés, dans les temps rapprochés de nous, les noms de la famille de Caix, entourés de noblesse, d'alliances, de services, de qualifications, surgissent comme autant de jalons qui indiquent la route interrompue par le temps et les mauvais jours.

Rappelons-nous que M. de Caix de Saint-Aymour père avait perdu en même temps sa fortune et sa liberté, et que pendant qu'il était en prison, la plupart des titres et des papiers de sa famille avaient été brûlés et détruits comme compromettants. Au nombre de ces pièces étaient les titres de la maison de Saint-Amour, moins quelques brevets militaires.

Rappelons-nous le séjour à Amiens du représentant Dumont.

Le 9 septembre 1793, il écrivait à la Convention :

« Citoyens collègues, j'ai à peine le temps de vous » écrire; je crois que tous les ci-devants ducs, comtes, » vicomtes, marquis et leurs familles, sont dans ce pays.

» *D'arrestation en arrestation, j'extirperai ce chan-* » *cre, et le département une fois mis au vif ne de-* » *mandera plus que des soins.*

» Soixante-quatre prêtres insermentés vivaient en- » semble en une superbe maison nationale, au milieu » de cette ville; j'en ai été informé; je les ai fait ainsi

» traverser la ville pour les faire enfermer en une » maison d'arrêt. *Cette nouvelle espèce de monstres* » *qu'on* n'avait pas encore exposés à la vue du peuple » a produit ici un bon effet ; les cris de *Vive la Répu-* » *blique!* retentissaient dans les airs, à côté de ce » *troupeau de bêtes noires*. Indiquez-moi la destination » que je dois donner *à ces cinq douzaines d'animaux* » que j'ai fait exposer à la risée publique.

» C'étaient des comédiens de garde qui étaient » chargés de l'escorte.

» Dans les nouvelles arrestations, les Mailly, les » Beuvron, les d'Harcourt, les de Ligne se trouvent » compromis.

» *Les titres de noblesse sont saisis.*

» Je viens de faire arrêter un homme que je crois » émigré, d'après un avis indiscret de sa femme. J'ai » fait conduire les premiers à la citadelle de Doullens, » avec le colonel des ci-devant gardes du roi en cette » ville.

» Tous les jours je reconnais de nouveaux complots, » et tous les jours je m'efforce de les déjouer ; je ne » me suis pas couché cette nuit.

» Le ci-devant duc du Châtelet, détenu ici, et qui » désire d'être transféré à Paris, où il est, dit-il, assuré » de trouver les moyens de s'évader, se sent l'âme si » nette, qu'il a fait venir un médecin auquel il a de- » mandé double dose d'opium, et au geôlier du poison.

» Ce médecin vient de m'en informer; je place un » grenadier près de lui; c'est à l'adresse du colonel » de... que je dois cette capture et la découverte de » ces projets. Taillefer, adjudant général, me charge » de vous proposer la peine de mort contre tout mili- » taire qui laisserait surprendre le poste qui lui est » confié.

» L'esprit public s'élève chaque jour, et j'espère » bientôt avoir à vous donner de meilleures nouvelles » encore. (*Moniteur du* 10 *septembre* 1793.)

Le représentant Dumont, le 29 vendémiaire an II, écrivait :

« Je ne découvre pas seulement *des émigrés* et des » conspirateurs, je trouve leurs trésors. Dans un jardin » au ci-devant comte d'Hervilly, que, par suite d'un » ordre que j'ai donné, on vient de conduire à Paris » avec douze *scélérats* de son espèce, *on a trouvé dans* » *une fouille*, faite à dix pieds de profondeur, sept » caisses remplies, savoir, *six de titres de noblesse et* » *de féodalité*, et *une d'argenterie.*

» *Les dénonciateurs pleuvent ici*, et l'aristocratie ne » *ne sait où se fourrer*, j'espère que bientôt le traite- » ment des prêtres en ce département ne montera pas » haut; car je vais leur faire une guerre ouverte, » tâcher d'assommer le fanatisme et de le faire dispa- » raître de ce pays. » (*Moniteur du* 22 *octobre* 1793.)

Le 22 février 1794, Dumont écrivait encore :

« Tous nos ci-devants sont arrêtés, *et il n'est pas de*
» *moyens qu'ils n'emploient pour prouver qu'ils ne*
» *sont pas de la caste justement maudite qu'ils ché-*
» *rissaient.* »

Dumont portait partout la stupeur. Il ne pardonnait qu'à l'apostasie d'un très petit nombre de prêtres égarés par l'effroi. Il ne pardonnait pas aux nobles qui ne pouvaient apostasier.

M. de Caix fut arrêté à Boulogne, au mois de septembre 1793, en même temps que le duc du Châtelet que l'on conduisit immédiatement à Amiens et de là à Paris, où il monta sur l'échafaud.

M. de Caix eut *le bonheur* d'être incarcéré à Boulogne et transféré successivement à *Montagne sur mer* (Montreuil), à Abbeville. Il y trouva miraculeusement la liberté, après huit mois de captivité, de privations et de souffrance.

Comment M. de Caix aurait-il conservé le testament si dangereux de son bisaïeul, et ses titres de famille, lorsque Dumont les cherchait à dix pieds sous terre, en faisant des arrêts de proscriptions, appelant les prêtres des *animaux*, des *bêtes noires*, des *monstres*, et les nobles des *scélérats* ?

La maison de Caix de Saint-Aymour n'a jamais cessé de résider dans le comté de Corbie. C'est là surtout qu'étaient ses titres. Ce qui leur reste était ailleurs. Le titre de 1581 était à Dole.

La maison de Caix de Saint-Aymour est issue d'Anceau ou Anselme de Caix, troisième fils de Dreux de Boves, ou de Coucy, seigneur et baron de Boves, vicomte de Corbie et seigneur de la terre de Caix en Sauterre, lequel est mort à la fin du XIe siècle.

Ses enfants furent Enguerrand de Boves, Robert de Péronne, Anselme de Caix et Mathilde de Coucy, qui partagèrent par frérages les biens de leur père après sa mort et prirent chacun les noms des terres qui leur étaient attribuées (1).

Parcourons rapidement les cartulaires où sont mentionnés les noms des aïeux des demandeurs.

On trouve *des fiefs, des libéralités comme seigneurs, l'ancienneté, les parentés, la haute position de la famille.*

1131. Quatre des calendes de décembre. Renonciation de Robert de Caix au bien de Caix qui avait été donné par Anseau de Caix, son père, conjointement avec Enguerrand de Boves, Robert de Péronne et Mathilde de Coucy, frères et sœur d'Anseau de Caix, aux religieux de Lihons (2).

(1) Voyez d'Hezier, *Arm. de Fr.*, t. VIII, art. COUCY; André du Chesne, *hist.* de Guynes, et D. D. Bonnefond et Grenier, dans leurs histoires manuscrites de Corbie, à la bibl. imp.

(2) *Cartularium de Lehuno*, mss. de la bibl. imp., ancien fonds nº 5460. *Carta de Cais Laudnnensis*, fol. 7 vers., et *Carta Ambianensis de Cais*, fol. 22.

1138. Dons par Enguerrand de Coucy et Robert de Caix son cousin, en faveur de l'abbaye de Nogent (1).

1233. Charte du seigneur Jean de Caix qui autorise et confirme la vente *d'une dîme* au prieur de Lihons (2).

1244. Cession de terre au chapitre de Saint-Matthieu de Fouilloy, près Corbie, par Jehan de Caix, deuxième du nom, seigneur du fief de la mairie de Caix (3).

1325. Hommage de Dryves de Caix, à l'église de Corbie, d'un fief à Wiencourt (4).

1390. Don de gruerie et garenne de Nanssel en Picardie à Bidault de Caix, *chevalier banneret*, par Enguerrand de Coucy. Le titre est au dossier.

1488. Foi et hommage par Henri de Caix, à l'église de Lihons, pour le fief de la Mairie de Caix (5).

1361. Lettre de rémission donnée par Jean, roi de France, à Jean de Caix, dit le *Danois* (6).

(1) *Ex tabulario B. M. de Novigento*, cité par D. Toussaint du Plessis, dans son *Hist. de Coucy*, aux pièces justif., § XVIII.

(2) *Cartularium de Lehuno*, Ms de la bibl. imp., anc. fonds n° 5460, fol. 31. *Carta domini Iohannis de Cais militis.*

(3) Voyez le grand Cartulaire de Saint-Matthieu de Fouilloy près Corbie, archives de la Somme.

(4) Extrait du Cartulaire *Stix* des anc. arch. de l'abbaye de Corbie, aux archives de la Somme. — Voyez Mss de D. Grenier, sur la Picardie, à la bibl. imp., *Preuves de l'hist. du comté de Corbie.* Dryves de Caix est inscrit comme *chevalier banneret* au rôle des monstres faites à Amiens des gens d'armes, ordonnés au sacre de Charles V, le 12 mai 1364.

(5) *Cartularium de Lehuno, ut supra*, fol. 2.

(6) *Trésor des chartes*, Archives de l'Empire, sect. histor. Registre coté J. J. 89, pièce 583.

On y lit qu'au temps de la révolte des gens de la campagne contre les nobles du royaume, un nommé Simon de Beaupuiz, homme de *petite condition*, avait rasé de fond en comble l'habitation de Jean de Hémesviller, en Picardie, frère dudit chevalier Jean de Caix, alors que Jean de Hémesviller n'était âgé que de neuf ans. Jean de Caix rencontre *de Beaupuiz* à Hémesviller, lui porte deux coups d'épée, dont il meurt vingt jours après.

Dans sa lettre de rémission le roi Jean prend en considération que Jean de Caix *a longtemps et fidèlement servi dans les guerres*.

Remarquons encore que de Beaupuiz *est noble et d'une petite condition, à côté de Jean de Caix*.

Juin 1374. Lettre de rémission, donnée par le roi Charles V, dit le Sage, pour Jean de Quais, ou de Caix, chevalier (1).

Il blesse jusqu'au sang le ravisseur d'une demoiselle Mahaut de la Chaussée, sa nièce et sa pupille, enlevée de son hôtel.

Le roi prend en considération les *bons et loyaux services de Jean de Caix, chevalier, dans les guerres pour lesquelles il s'est mis en frais...*, etc.

1589. Jean de Caix, capitaine du château de Boves, pour le duc d'Aumale (2).

(1) *Trésor des chartes*, Arch. de l'Emp., sect. hist. reg. cot. J. J. 105, pièce 530.

(2) Voy. le 50e reg., aux délib. de l'échevinage d'Amiens.

1621. Roole de la monstre et revue faicte à Paris, d'une compagnie d'hommes de guerre à pied, du régiment des gardes du roy. On y trouve Émery de Caix, qui devint capitaine au régiment de Périgord, et prit part, en 1636, à la défense de Corbie contre les Espagnols. Titres aux pièces.

Dans différents extraits des actes de M[es] Bron et Gressier, notaires à Corbie, et des archives du ministère de la guerre et de celles du département de la Somme qui sont aux pièces, on voit que le bisaïeul des demandeurs, Claude-Alexis de Caix, *seigneur de Rembures*, fils d'Adrien de Caix, a servi comme ses auteurs en qualité d'officier, avant que d'être conseiller du roy et bailly général de la ville et comté de Corbie.

Disons encore que l'aïeul de MM. de Caix de Saint-Aymour (Édouard-Victor-Alexis) était, en 1745, lieutenant au régiment de la Couronne, et son jeune frère, Lange de Caix de la Mairie, en même temps que lui, lieutenant en second au même régiment. Lange n'avait que *sept ans*. Il s'appelait *de la Mairie, du nom du fief de la Mairie de Caix-en-Santerre.*

Le roi Louis XV avait accordé cette double grâce à une famille ancienne et nombreuse.

On lit dans le registre des sépultures de Corbie, de 1750 :

« A été inhumé dans l'église de cette paroisse, après » la messe chantée, le sieur Lange de Caix de la

» Mairie, âgé de douze ans passés, ci-devant officier
» au régiment de la couronne. »

Un lieutenant de sept ans appartenait à la noblesse titrée.

Le soussigné n'entend point faire ici la généalogie de l'honorable maison de Caix de Saint-Aymour. Cette généalogie ne serait utile qu'autant que la noblesse serait douteuse. Il ne veut prouver qu'une seule chose, la sincérité de ce qu'a dit un père dans un contrat de mariage, en mariant son fils aîné.

Dans les extraits rapides qui précèdent, on voit *des dîmes*, *des fiefs*, *des droits seigneuriaux* d'où procèdent les titres ; on voit une vieille Maison, et l'on comprend le titre de comte de Saint-Amour, porté par celui qui s'appelait de Caix de Saint-Amour. A son témoignage se joignent les actes qui ont survécu au temps. Ces actes forment des *présomptions graves*, *précises*, *concordantes*, et le témoignage de M. de Caix de Saint-Aymour est escorté de preuves : la famille du passé se lève pour déposer avec lui.

La déclaration de 1845 ne rend donc pas sur la famille un témoignage isolé. Le testament d'où sort le droit renfermait tout ce que proscrivait et poursuivait la révolution ; ce testament et diverses pièces ont été brûlés. Comment ne l'auraient-ils pas été ?

Les proscriptions, les perquisitions, les délateurs,

l'activité infernale du missionnaire de la révolution ne permettaient pas de garder le moindre écrit. Tout était suspect, pris, condamné, et, comme Dumont l'écrivait à la Convention : *les titres étaient saisis, la noblesse ne savait où se fourrer.*

On ne savait non plus où *fourrer* ses titres : on les brûlait.

En résumé, en 1581, le roi Philippe d'Espagne donne le titre de comte au baron de Saint-Amour, pour lui, ses hoirs et successeurs et ayants-cause *hommes et femmes.* Ce titre arrive à Marie-Barbe-Jeanne de Saint-Amour, mariée le 27 mars 1722, à Claude-Alexis de Caix, conseiller du roi, bailli général du comté de Corbie. Le titre est transmis et reçu avec le droit du temps. Il est consacré par le temps. MM. de Caix de Saint-Amour portent un titre, attaché à leur nom depuis plus d'un siècle. La noblesse et les titres appartiennent au sang ; ils sont une récompense pour toute une famille ; ils s'appliquent à chaque membre de la famille. Si le titre s'arrêtait à l'aîné, il faudrait donc que la noblesse s'y arrêtât également, ce serait proclamer le droit d'aînesse.

Le souvenir des échafauds, et ensuite l'insouciance de la vieillesse, ont empêché le chef de famille de reprendre des titres qui menaçaient à la fois sa fortune et sa vie. Il aurait voulu effacer son ancienne noblesse. Il était loin de gémir sur les destructions qui avaient eu lieu pendant sa captivité. Elles l'avaient sauvé.

Sa déclaration de 1845, alors qu'aucune prévision ne pouvait indiquer la loi de 1858, est assez appuyée pour qu'il soit impossible d'élever des soupçons sur sa véracité : *hautes parentés, services militaires et dans l'ordre de Malte* (1), *bravoure des ancêtres, titre de chevalier banneret, qui était anciennement des plus élevés*, affirment que la noblesse successive de MM. de Caix de Saint-Aymour était titrée. Un jugement a reconnu le nom et la noblesse. Le titre est inséparable du nom de Saint-Aymour. Quel juré ne serait pas convaincu? et la commission des titres est un jury suprême, un jury d'honneur, qui prend ses décisions dans ses convictions intimes.

A toutes les époques, on a trouvé qu'il était juste de remédier aux soustractions du temps, aux imprévoyances, aux accidents, aux malheurs publics.

C'est par cette raison que les auteurs pensent que la noblesse s'acquérait par prescription.

Bacquet pense qu'il suffit que l'aïeul et le père aient vécu noblement.

La coutume de Bretagne, art. 541, répute nobles, les familles qui, depuis cent années, vivent noblement.

Merlin, qu'on n'accuse pas de partialité pour les titres et la noblesse, est de cet avis.

(1) Voy. le gr. nobiliaire de Picardie, par Villers-Rousseville, et l'arm. gén. de Fr. par d'Hozier, à l'art. *de Riencourt*.

Louis XIV, par sa déclaration du 8 décembre 1699, pour les provinces de Flandre, Hainaut et Artois, confirme toutes les lettres de noblesse qui avaient été accordées par les rois d'Espagne, les archiducs et gouvernants des Pays-Bas, depuis 1600. Le prince fait donc aussi une loi de la prescription, et en outre ne distingue pas la noblesse qui vient des hommes, de la noblesse qui vient des femmes.

La qualité des parties, la bonne foi, la possession d'état viendraient encore en aide aux postulants s'ils en avaient besoin.

Les trois frères ont une haute position dans la société par leur fortune, par eux-mêmes, par leurs alliances.

Tous trois sont d'importants propriétaires.

L'aîné habite, en Anjou, le château de Monsabert, dont la terre a été érigée en comté, par lettres patentes en forme de charte, en 1752, enregistrées au parlement, le 15 juillet 1756, et le 10 août suivant à la chambre des comptes. L'aîné tient le château de Monsabert du chef de sa femme, héritière des comtes de Monsabert.

Le second habite le château et l'ancienne baronnie d'Ognon, près Senlis.

Le troisième a son hôtel de Paris et son habitation de Corbie.

Tous trois sont maires de leurs communes et qualifiés par les décrets impériaux de leurs nominations, et arrêtés préfectoraux. Comme maires, comme officiers de l'état civil, que d'actes civils, que de registres de délibérations, de règlements et arrêtés municipaux, de placards, d'affiches et autres pièces officielles ont été signés par eux avec leurs qualifications !

M. de Caix de Saint-Aymour (Oswald) est aussi membre du conseil général de la Somme. Dans sa longue administration, dans ses actes publics, dans ses lettres ministérielles, dans sa circulaire pour la députation, répandue dans tout le département, il a toujours pris le titre de baron de Caix de Saint-Aymour. De l'urne électorale, il est sorti six mille bulletins avec ce nom et ce titre. En matière de titres qui éveillent tant de susceptibilités, l'opinion publique est quelque chose, et M. Oswald de Caix de Saint-Aymour ne se serait pas ainsi qualifié, contre l'opinion des lieux où il est né.

Il y a pour les trois frères, non-seulement une question de bonne foi, mais encore une question de délicatesse. En formant trois alliances, ils ont apporté trois titres. La commission comprend toute l'amertume, toutes les conséquences d'une erreur.

Les actes, l'habitation séculaire de la famille dans le comté de Corbie d'où elle ne s'est jamais éloignée, cette transmission de génération dans le même lieu, la notoriété publique, la possession d'état, de puissantes considérations parlent pour les demandeurs, et j'estime qu'ils peuvent avec confiance, se présenter à la commission des titres.

Délibéré à Paris le 14 avril 1861.

*Signé :* NIBELLE,
Avocat à la Cour impériale.

---

## ADHÉSIONS.

Le soussigné, avocat à la Cour impériale de Paris, adhère à la consultation de son confrère Me Nibelle, et estime que c'est à bon droit que MM. de Caix de Saint-Aymour se sont pourvus devant la commission des titres, et que la décision de cette commission ne peut manquer de leur être favorable.

Déjà des décisions judiciaires qui ont ordonné la rectification de leur acte de naissance, et un décret impérial qui a complété l'œuvre de la justice leur ont donné le nom noble qui était d'origine le patrimoine de leur famille.

Au nom noble, joindront-ils le titre nobiliaire ?

Telle est la question soumise à la commission, et sur la solution de laquelle il ne semble pas au soussigné que l'on puisse hésiter.

Il est incontestable et surabondamment prouvé par la consultation si savante et si complète de Me Nibelle, que les titres nobiliaires ont été, de la manière la plus régulière et la plus légale, conférés à la famille de Caix de Saint-Aymour ; qu'elle n'appartient donc pas seulement à la noblesse, mais aussi à la noblesse titrée.

Le père des postulants, il est vrai, au cours de la période révolutionnaire, a délaissé le titre comme il a volontairement altéré le nom de sa famille.

Mais nonobstant cette résolution qui lui a été toute personnelle, ni le titre, ni le nom noble n'ont pu périr.

En effet, la noblesse n'appartient pas exclusivement et privativement à tel ou tel membre de la famille, mais bien à la famille tout entière, depuis le chef qui est honoré à l'origine, jusqu'au dernier rejeton en la personne duquel la famille s'éteindrait. La noblesse, titre et nom, est le patrimoine commun de toutes les générations. Patrimoine d'honneur qu'on ne peut ni abolir, ni renier; qui ne se peut perdre, ni par une renonciation formelle ou tacite, ni par une prescription si longue qu'on le suppose.

L'État, dans un but de haute moralité sociale et politique, confère à une famille des distinctions honorifiques, en récompense des services qu'il en a reçus. Il suit de là qu'il est essentiellement d'ordre public que ces distinctions soient maintenues et passent de génération en génération, selon le vœu de l'État. Il ne peut donc appartenir à aucun des descendants de répudier ce que l'État a donné, non pas à son auteur tout seul, non pas aux successeurs pris isolément, mais à la lignée tout entière.

Les titres nobiliaires de la famille de Caix de Saint-Aymour ont donc persisté et ont continué à reposer sur la tête des membres de cette famille.

Resterait la question de savoir si le père de famille

qui n'a pas voulu porter ces titres a pu s'en dévêtir au profit de ses enfants, et nous devons dire que nous ne comprendrions pas le doute à ce sujet.

Le père peut, de son vivant, se dépouiller au profit de ses enfants, de tous ses biens ; il peut les substituer à tous ses droits, de quelque nature et de quelque importance qu'ils soient. Or, au nombre de ces biens, de ces droits, figurent en première ligne la jouissance et possession du titre nobiliaire. Comment contester que le père ne puisse pas faire pour un titre, ce qu'il ferait valablement pour sa fortune mobilière et immobilière?

Seulement il faut distinguer entre les divers biens et droits dont le père de famille peut, de son vivant, attribuer la propriété à ses enfants.

Les uns sont des biens et droits privés, comme les valeurs composant sa fortune. Il peut quant à ceux-là les transmettre, sans le contrôle de l'autorité publique, par un acte privé, une donation, un partage présuccession, un testament.

Il n'en est pas de même en ce qui concerne les titres nobiliaires, dont la possession se rattache à des considérations, à des nécessités sociales et politiques.

Le père peut sans doute les transmettre. Mais si lui-même a semblé les délaisser, la transmission devra, conformément à la loi, se faire sous le contrôle et avec la sanction de l'autorité publique.

Cette sanction, ce contrôle, ils appartiennent à la haute juridiction de la commission des titres. C'est la commission qui doit juger en dernier ressort si le titre existe, et si les postulants peuvent ou continuer à le porter ou le relever et le reprendre s'il a paru momentanément délaissé.

Or, si le titre existe incontestablement, il est le patrimoine ancien et assuré de la famille de Caix de Saint-Aymour.

D'autre part, il résulte de la consultation de Me Nibelle et des faits avérés qu'elle relate, que les trois fils de M. de Caix de Saint-Aymour sont dignes à tous égards de voir leurs droits manifestes consacrés par l'homologation de la commission des titres. Leur honorabilité, leur position élevée, les fonctions publiques qu'ils ont remplies et qu'ils remplissent encore, tout signale leur demande à la justice impartiale et éclairée de la commission. Tout leur garantit une décision qui ne peut faire un doute et qui ne sera après tout que la reconnaissance d'un droit.

Paris, le 16 avril 1861.

*Signé :* PLOCQUE,
Ancien bâtonnier.

L'avocat à la Cour impériale de Paris, soussigné, adhère à la consultation de ses confrères, Mes Nibelle et Plocque.

En fait, il lui paraît résulter de l'ensemble des documents analysés que la noblesse et les titres nobiliaires réclamés appartiennent, en vertu de lettres patentes de Philippe II, à la famille de Caix, par suite de son alliance avec la famille de Saint-Amour.

En droit, il est certain, aux yeux du soussigné, que le père des consultants n'a pas compromis par une renonciation formelle ou tacite la noblesse et les titres que ses ancêtres lui avaient légués, et qu'il devait transmettre à ses descendants. Quand les rois conféraient, quand ils confèrent aujourd'hui encore la noblesse et les titres, ce n'était pas, à vrai dire, dans l'intérêt privé de ceux qui en étaient investis, mais bien dans un intérêt public, la noblesse se liant aux lois mêmes de l'État, et sa création ayant pour but, avant tout, le bien public, en excitant l'émulation à bien faire par l'attrait d'une récompense élevée. La noblesse acquise ne peut pas plus se perdre par une renonciation ou par le non-usage, que s'acquérir par usurpation ou par prescription.

Toutefois le soussigné exprime un doute sur le point de savoir si, en principe, un père peut, en y renonçant, permettre à son fils aîné de porter le titre que le chef de la famille abdique ainsi. Le soussigné est porté à croire que c'est là un droit particulier à la succession duquel donne exclusivement ouverture la mort naturelle ou la mort civile.

Mais que, dans la circonstance particulière exposée ici, l'autorité publique puisse et doive consacrer ce que la volonté du père a exprimé dans le contrat de mariage de 1845, c'est ce dont le soussigné ne doute d'aucune manière, et il estime que la commission du sceau des titres n'hésitera pas à le consacrer.

Paris, le 18 avril 1861.

*Signé :* MATHIEU.

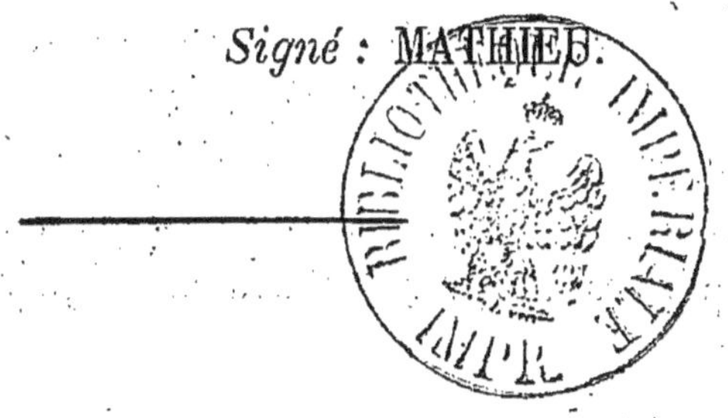

www.ingramcontent.com/pod-product-compliance
Lightning Source LLC
LaVergne TN
LVHW010302230826
846091LV00007BB/2658

* 9 7 8 2 0 1 1 7 6 3 0 4 4 *